Dieses Buch gehört:

....

Malbuch für Erwachsene

und Kinder ab 8 Jahren

ART
Klassik

BLUMEN

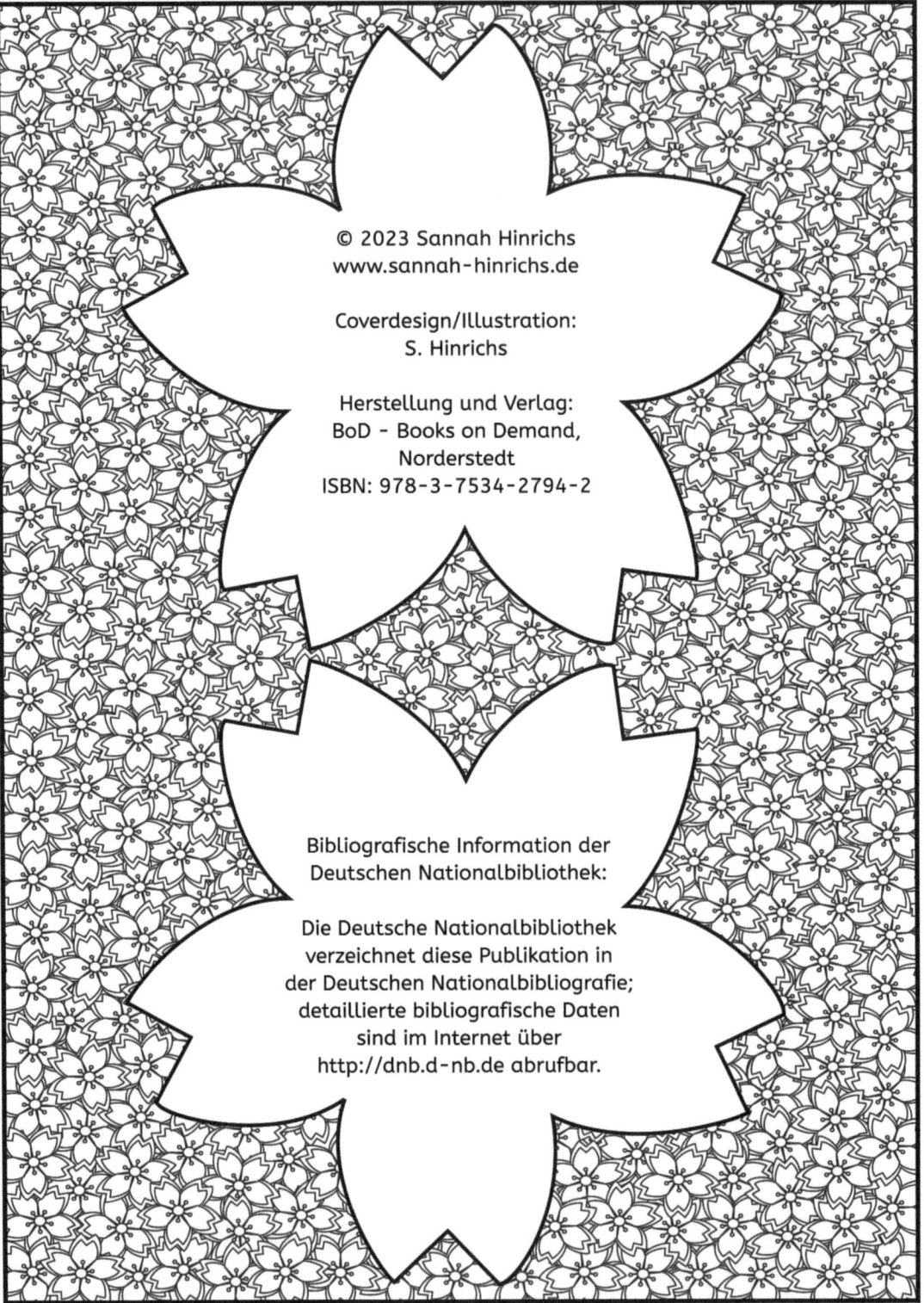

Coverdesign/Illustration:
S. Hinrichs

Herstellung und Verlag:
BoD - Books on Demand,
Norderstedt
ISBN: 978-3-7534-2794-2

Bibliografische Information der
Deutschen Nationalbibliothek:

Die Deutsche Nationalbibliothek
verzeichnet diese Publikation in
der Deutschen Nationalbibliografie;
detaillierte bibliografische Daten
sind im Internet über
http://dnb.d-nb.de abrufbar.